AF219944

Hoi An

lieben lernen

Der perfekte Reiseführer für einen unvergessli-chen Aufenthalt in Hoi An inkl. Insider-Tipps, Tipps zum Geldparen und Packliste

Melissa Rademacher

✈ INHALT

Vorwort

DAS ERWARTET SIE IN DIESEM BUCH

Dieses Buch gibt Ihnen einen Überblick über all das, was ein guter Reiseführer mit sich bringt. Informationen über die Geschichte der Stadt, Sehenswürdigkeiten, Aktivitäten, Restaurants und Unterkünfte.

Doch was diesen Reiseführer so besonders macht, ist, dass er Ihnen dabei hilft, herauszufinden, was genau Sie sich von Ihrer Reise erhoffen. Was sind Ihre Erwartungen?

Fragen, die in kursiven Schrift erkennbar sind, sollen Ihnen dabei helfen, eine genaue Vorstellung Ihrer Reise zu entwickeln, sodass sich das spätere

Planen und Umsetzen wie von allein ergibt. Sie werden herausgefordert, über Ihren eigenen Schatten zu springen und neue Dinge auszuprobieren. Außerdem erzähle ich Ihnen Anekdoten von meiner Reise nach Hoi An und hoffe, Sie damit inspirieren zu können.

Schließen Sie nun die Augen und stellen Sie sich Folgendes vor: eine Stadt voller Vielfalt, einzigartige Architektur, wunderschöne Gebäude mit goldenem Stuck, die heutzutage buddhistische Tempelanlagen sind. Sie sprechen Geschichten aus der Zeit des großen Handels. Chinesen als auch Europäer siedelten sich hier an und verbreiteten ihre Kunsthandwerke. Keramik, Holzschnitzereien, Schneidereien, Malerei und Fotografie sehen Sie an jeder Ecke. Es gibt viele Museen und Werkstätten, die Kurse anbieten, in denen Sie selbst handwerklich tätig werden können. Neben dem Stadtleben haben Sie außerdem die Möglichkeit, Ihre Seele am Strand baumeln zu lassen, entweder an der Küste Hoi Ans oder auf den nahe gelegenen Cham-Inseln. Dort ist es noch einmal um einiges ruhiger und unberührter, vielleicht finden Sie einen Strandabschnitt ganz für sich allein. Kosten Sie sowohl typische vietnamesische Gerichte als auch die einheimische Küche Hoi Ans. Besuchen Sie künstlerisch hergerichtete Cafés mit eigenen Kaffeeröstereien, traditionelle Märkte und bestaunen Sie die bunten Laternen bei Nacht am Ufer des Flusses.

Besonderheiten - Warum Hoi An

Hoi An ist eine absolute Zeitreise zwischen Modernität, Tradition und Vielfalt. Als ich im März 2017 sehr früh am Morgen in der Stadt angekommen bin, machte ich mich auf die Suche nach meiner Unterkunft namens *Tipi Hostel*. Nach langen Flügen gönne ich mir gerne ein Einzelzimmer. Preislich gesehen habe ich ein wahres Schnäppchen gemacht, denn für sieben Tage habe ich umgerechnet nur 70 Euro inklusive Frühstück bezahlt. Zum Vergleich hätte mich ein Bett in einem

Vierbettzimmer und für dieselbe Dauer ungefähr die Hälfte gekostet. Die Differenz war es mir wert, allerdings sollte nun gesagt sein, dass 30 Euro ganz schön viel Geld ist in einem Land wie Vietnam, denn damit hätte ich gute zwei Tage leben können. Sicherlich auch drei oder vier Tage, allerdings bin ich ein begeisterter Kaffeetrinker, verbringe herrlich gerne Zeit in Cafés und koste mich durch die vielen, unbekannten Leckereien. Der Check-in verlief reibungslos auf Englisch. Mein Gepäck verstaute ich in einem kleinen Nebenkämmerchen, denn auf mein Zimmer konnte ich erst gegen 14 Uhr.

Somit begab ich mich auf meinen ersten Spaziergang Richtung Altstadt. Ich war verblüfft über die vielen bunten Pflanzen und die sauberen Straßen. Die Einwohner schienen auf den ersten Eindruck sehr entspannt und freundlich zu sein, was sich durchweg bestätigte. Ganz anders als in anderen Städten Asiens wurde man in den Läden höflich gefragt, ob eine Beratung gewünscht ist. Ich habe wirklich an keinem einzigen Tag erlebt, dass mir jemand etwas auf unangenehme und drängende Art und Weise verkaufen wollte.

Als ich durch die Altstadt ging, es war ungefähr

11 Uhr, waren die Straßen leer und ich habe nur wenige Touristen getroffen. Es war ein trüber, wolkiger Morgen und es lag eine sanfte Stille in der Luft. Nach einer Weile entschied ich mich für ein Restaurant am Flussufer. Es war ein Familienbetrieb. Ich war der erste Gast des Tages und setzte mich an einen Platz am Fenster. Voller Mut und gutem Willen stapfte ein kleines Mädchen auf mich zu und gab mir die Speisekarte. Mit Gesten und Worten bedankte ich mich und ihre Augen strahlten voller Neugierde. Dann begann sie ein kleines Spiel. Sie versteckte sich hinter dem Tresen und lugte mit einem Auge kichernd hervor. Ich spielte mit und es schien die Eltern überhaupt nicht zu stören. Im Gegenteil.

Als ich wieder nach draußen ging, strahlte die Sonne durch die Wolken und wie von Zauberhand war ein klarer, blauer Himmel zu sehen. Dieses Szenario wiederholte sich in den nächsten Tagen. Sobald die Sonne sich den Weg durch die mächtigen Wolken bahnt, fühlt es sich mindestens 10 Grad wärmer an! Als ich weiterging, fiel mir auf, wie reich und gleichzeitig arm die Stadt wirkt. Überall sind goldene Verzierungen zu sehen, viel Stuck, sehr viele bunte Farben, traditionelle Bauten und zwischendrin schlicht und einfach aufgezogene Blechhütten, wie man sie aus Asien nun mal kennt. Wenn man genau hinschaut, kann man beobachten, wie die neuen Häuser an die Alten angebaut wurden. Sie unterscheiden sich leicht im Material, in der Farbe und im Aussehen. Das Verschnörkelte von früher scheint nun in mehr Schlichtheit überzugehen.

Die Stadt ist wirklich unfassbar schön. Obwohl ich kein Städtetyp bin, würde ich noch einmal hierher reisen. Wahrscheinlich auch deswegen, da Sie relativ überschaubar ist und man sich keineswegs eingeengt oder bedrängt fühlt.

GESCHICHTE EINER HANDELSSTADT

Im 17. Jahrhundert war Hoi An hauptsächlich als Handelsstadt bekannt. Unter der Führung des alten Königs Nguyen Hoang siedelten sich vor allem chinesische und japanische Händlerfamilien an. Unter diesem kulturellen Einfluss ist die derzeitige Architektur der Altstadt Hoi Ans zu betrachten, denn die Stadt ist eine der wenigen, die während des Vietnamkrieges unbeschädigt blieb. Erst nachdem im

Jahre 1635 offiziell der Verkehr zu Japan geschlossen wurde, erweiterte sich das Geschäft bis nach Europa. Engländer, Franzosen, Holländer und Portugiesen waren nun ein Teil der Handelsgesellschaft. Auch Indien konnte sich zu dieser Zeit etablieren.

Hoi An ist ein Teil der Provinz Quang Nam und liegt am südchinesischen Meer. Da mit dem Sturz der Ming-Dynastie viele Chinesen herzogen, wurde der Hafen zu klein und die Schiffe mussten nach Da Nang umgesiedelt werden. Somit verlor die kleine, charmante Stadt im 18. Jahrhundert ihren Namen als Mittelpunkt des Handels.

Hoi An bietet einen Einblick in die Geschichte Vietnams und in unterschiedliche Kulturen. Im Folgenden werden Sie über die Mentalität der Einwohner aufgeklärt.

EINWOHNER UND KULTUR

Mit ca. 150.000 Einwohnern ist Hoi An eine relativ überschaubare, wenn auch große Stadt. Durch die Küstenanbindung kamen viele verschiedene Ethnien in das Land. Die Amtssprache ist vietnamesisch und die meisten Einwohner, vor allem jüngere Menschen und diese, die im Tourismus oder im Verkauf tätig sind, sprechen sehr gutes Englisch. Es ist nicht so leicht, eine genaue Angabe der Religionszugehörigkeit zu treffen. Aufgrund der Vielzahl an buddhistischen Tempeln, würde man davon ausgehen, es sei der Buddhismus, der dominiert, doch es gibt auch sehr viele Katholiken und sehr viele Atheisten.

Das Land ist von den philosophischen Denkrichtungen Taoismus und Konfuzianismus geprägt. Der Taoismus kommt ursprünglich aus China. Er besagt, dass das Universum, in dem wir leben, aus Yin und Yang, also aus Gegensätzen, besteht. Wir sind einem Ordnungsprinzip unterworfen, welches unveränderlich ist. Somit sollte das Handeln des Menschen im Einklang mit seiner Natur stehen, denn diese ist, wie gesagt, vorgegeben und unveränderlich. Der Konfuzianismus ist eine Weltanschauung, die ihren Ursprung ebenfalls in China hat. Es ist eine

Moralvorstellung auf sozialer und politischer Ebene. Jeder, der Teil einer Gemeinschaft ist, sei es in Form eines Familienmitgliedes, Teil des Systems Gesellschaft, Arbeitnehmer usw., ist bestimmten Rechten und Pflichten ausgesetzt. In einer konfuzianischen Ordnung sollte sich jedes Individuum seiner Rollen bewusst sein und diese klar für sich definieren.

So etablierte sich in Vietnam eine Religion, die auch bekannt als die „dreifache Religion" ist – Tam Giao. Sie stellt eine Mischung aus dem Buddhismus, Taoismus und dem Konfuzianismus dar. So kann man sich schon fast denken, dass die Vietnamesen ein sehr hohes Maß an Moral und Ethik haben. Das spiegelt sich in jeglichen Formen ihres Verhaltens wider. Sie besitzen ein starkes Gemeinschaftsgefühl, vor allem bezogen auf die eigene Familie. Haushalte, in denen der Mann an oberster Stelle steht, ist keine Seltenheit. Die hierarchischen Vorstellungen sind klar strukturiert.

Das Verehren ihrer Ahnen ist eine weitere Besonderheit. Es kommt häufig vor, dass ein kleines Schälchen mit Essen oder ein Glas mit Wasser auf einem Altar stehen, als Andenken und Fürsorge für die verstorbenen Ahnen. Oft ist der Altar auch mit frischen Orangen, frischen Blumen, Räucherstäbchen, Figuren der verschiedenen Götter, Bilder der Verstorbenen oder Bilder eines Geweihten, geschmückt.

KLIMA

In Hoi An herrscht ein tropisches Klima, welches sich im Rahmen zwischen 20 – 40 Grad im Laufe des Jahres bewegt. Während der Regenzeit von September bis Januar, ist einer der Vorteile, dass vermutlich wenige Touristen anzutreffen sind. Die Temperatur wird für gewöhnlich nicht unter 20 Grad fallen, lediglich nachts könnte es etwas kühler werden. Ab Februar beginnt die Trockenzeit. Nutzen Sie die Chance und entfliehen Sie Ihrer kalten Heimat. Im Februar sind die wenigsten Touristen anzutreffen. Bis Ende Mai sollte es trocken bleiben, bei einer Temperatur von maximal 40 Grad. Der Oktober ist der Monat mit der höchsten Niederschlagsrate, während der März am trockensten ist.

TRADITIONELLE MÄRKTE

Hoi An erstrahlt bei Nacht im wahrsten Sinne des Wortes im Lichte. Es ist ein absolutes Muss, den *Nachtmarkt* zu besuchen. Die zahlreichen Lampions zeichnen die Stadt aus, nirgendwo anders gibt es so etwas zu sehen. Der Markt findet täglich von 18.00 - 21.00 Uhr auf der Nguyen-Hoang-Straße statt. Probieren Sie gegrilltes Reispapier, Mangokuchen oder gegrillte Kokosnuss. Wer süße Früchte mag, sollte unbedingt die *Cherimoya* kosten. Der Geschmack erinnert an eine Mischung aus Birne und Banane. Die Frucht sieht optisch einer Artischocke ähnlich. Die Schale hat viele Einkerbungen und ist grün gefärbt. Das Fruchtfleisch ist hell und enthält viele ovale und sehr glatte Kerne, die man nicht mitessen sollte. Es gibt noch einige andere Früchte, wie die Jackfrucht, die Sternfrucht, die Kaktusfeige, die Guave und die allseits bekannte und momentan sehr beliebte Stinkfrucht namens Durian! Wenn Sie Früchte mögen, dann lohnt es sich, das Frühstück und Mittagessen zu einem Brunch zu verwandeln.

Machen Sie Ihren Einkauf zu einem Erlebnis der Sinne. Schauen Sie sich die Früchte an und riechen Sie an ihnen. Kaufen Sie alles, was interessant erscheint und ihnen das Wasser im Mund zusammenlaufen lässt.

Der *Central Market* befindet sich auf der Tran Phu Straße. Dort finden Sie alles, was Sie sich vorstellen können. Früchte, Gemüse, Fleisch- und Fischwaren, Textilien, Spielzeug und vieles mehr. Und das für einen sehr geringen Preis. Jedoch werden Touristen oft nach sehr viel mehr Geld gefragt als die Einheimischen. Versuchen Sie mit ruhiger und gelassener Stimme die Preise herunterzuhandeln, so haben Sie bessere Chancen. Den Vietnamesen ist ein sittliches und angemessenes Verhalten sehr wichtig.

Wie wäre es mit einer Kostprobe? Fragen Sie die Verkäufer, ob Sie etwas probieren dürfen.

Wenn Sie respektvoll und wertschätzend auftreten, bekommen Sie ebenso dieses Verhalten entgegengebracht!

Vielfalt - Sehenswürdigkeiten

Wenn ich meine Augen schließe, dann er-innere ich mich an die vielen *bunten Lampions*, die die *schmalen Gassen* der *Altstadt* beleuchten. Vor allem am Abend des Voll-mondes, nach Sonnenuntergang, wenn das *Vollmond Fest* beginnt. Gerade an diesem besonderen Tag wird deutlich, weshalb Hoi An den Namen *Stadt des Frie-dens* trägt. Restaurants erstrecken sich am Ufer des Flusses *Song Thu Bon*, alte Fischerboote zieren seine Oberfläche und kennzeichnen die Geschichte eines fast vergessenen *Fischerdorfes*. Köstliche *traditio-nelle Gerichte* werden zu kleinen Preisen angeboten. Es duftet nach *Cau Lao*, ein traditionelles Gericht aus gedämpften Reisnudeln. Außerdem rieche ich *Tra Thao Moc*, ein traditioneller Tee, der eine Komposition aus verschiedenen Gewürzen ist und sowohl warm als auch kalt serviert wird.

Ich gehe weiter die *Thran Phu* Straße entlang und laufe durch die traditionellen Märkte. Einwohner, die die typischen asiatischen Kegelhüte tragen, verkaufen Obst, Gemüse, Fleisch und Fisch. Außerdem werden Schnitzereien aus Holz oder Kokosnussschalen angeboten. Sehr kreativ und sehr einzigartig. Es berührt mich zu sehen, dass wahres *Handwerk* hoch wertgeschätzt wird, egal ob Malerei, Fotografie, Lederarbeiten oder Keramik, wo es doch so selten wird auf dieser Welt. Sehr besonders und wahrlich einzigartig in solch einer Vielzahl sind die *Taylors*, die vietnamesischen Schneidereien. Sie bieten *maßgeschneiderte Kleidung* an – und hochlobend sollte gesagt sein: in hervorragender Qualität zu einem geringen Preis. Weiter geht es entlang des Flusses, ich bestaune die *Architektur*, die vielen gelben Häuser. Es gibt viele *Tempelanlagen* und Museen und überall riecht es nach Räucherstäbchen. Damals, zur Zeit des großen Handels, waren die Gebäude alte *Versammlungsorte.*

Bei einer Tasse Kaffee lasse ich meine Gedanken schweifen und stelle mir vor, wie die Stadt vor ein paar Jahrhunderten wohl aussah... Ich frage mich: Wer hat hier gelebt? Wieso fühle ich so viel Lebendigkeit und woher stammt die Vielfalt an Eindrücken? Und zu guter Letzt: Wieso ist solch ein wunderschöner Ort noch so unbekannt? Und gleichzeitig bin ich sehr dankbar für die wenigen Touristen, denn es ist ein unberührter Ort, der sich in einer Natürlichkeit präsentiert, die leider immer seltener zu finden ist.

WÜNSCHE WERDEN WAHR - Kaufen Sie eine Seerose aus Papier und zünden Sie ein Teelicht an. Dann wünschen Sie sich etwas und lassen die Rose auf dem Fluss schwimmen.

ANCIENT TOWN

Um die Altstadt zu besichtigen brauchen sie KEIN Ticket! Sie können sich jedoch dazu entscheiden eines zu kaufen, wenn Sie Hoi An unterstützen möchten. Die Gelder fließen nämlich in einen Fond, der unter anderem dem Zweck dient, die Stadt sauber zu halten. Außerdem benötigen sie das Ticket dann, wenn Sie in eines der Museen oder Versammlungshäuser gehen möchten. Umgerechnet zahlen Sie dafür 4,50 Euro und können fünf verschiedene Gebäude ansehen, unter anderem die überdachte, *japanische Brücke*. Sie diente einst dem Zweck, die japanischen und chinesischen Wohngebiete zu trennen. Heute ist sie das Wahrzeichen Hoi Ans. Obwohl sie häufigen Zerstörungen ausgesetzt war, blieb sie fast unverändert in ihrem Erscheinungsbild.

Die Innenstadt befindet sich entlang der Straßen Thran Phu und Nguyen Thai Hoc. Autos fahren hier nur in bestimmten Abzweigungen und sind nicht überall zulässig. Selbst Roller und Motorräder werden nicht überall durchgelassen. In der Altstadt finden Sie unzählige Restaurants und Cafés, alle möglichen Geschäfte für Kleidung, Schuhe, Keramik, Seide, Malereien... tatsächlich könnte man sich einen ganzen Tag lang Zeit nehmen, um sich gemächlich umzuschauen.

Brauchen Sie noch Souvenirs? Wie wäre es mit Lederarbeiten oder einer schönen Keramikschale?

Museen

Hoi An besitzt eine Vielzahl an unterschiedlichen Museen. Viele Cafés und Bars sind ebenfalls mit Galerien ausgestattet, und einige davon sind unter der Kategorie *Nightlife* zu sehen.

Die *March Gallery* ist ein Museum der neu-modernen Kunst, sowohl von heimischen als auch internationalen Künstlern. Neben Gemälden, werden auch Bücher, Skulpturen, Schmuck, typisch vietnamesische Kleidung und Seidenmalerei ausgestellt. Die Gründerin dieser Galerie ist Bridget March, wer weiß, vielleicht ist Sie sogar persönlich anzutreffen und erzählt Ihnen etwas aus dem Nähkästchen.

Das *Museum of Trade Ceramics* beinhaltet, wie der Name schon verrät, Keramikarbeiten in verschiedenen Ausführungen. Sie wurden in Schiffswracken gefunden, die aus der Zeit der Blüte Hoi Ans kommen, als hier noch der Mittelpunkt des Handels war. Das Museum ist relativ klein, jedoch ist das Gebäude an sich schon einen Anblick wert und nebenbei können Sie sich an einem heißen Tag schön abkühlen. Die handgefertigten Antiquitäten sind wahre Meisterwerke, schauen Sie selbst.

Au Lac Wood Art – wahrlich einzigartig bietet das Museum eine Vielzahl an Schnitzereien. Sie können die Künstler beobachten, während sie an ihren Werken sitzen. Sehr bemerkenswert daran ist, mit wie viel Feingefühl und Hingabe gearbeitet wird.

Weitere Museen: Thahn Cong Art Gallery, Hoi An Museum, ALLEY Artist House und viele mehr. Sie werden schon sehen, hier gibt es Museen wie Sand am Meer.

Welche Art von Kunst spricht Sie am meisten an?

Versammlungshäuser und Tempelanlagen
Ich muss gestehen, dass ich bis zum Zeitpunkt meiner Reise durch Vietnam kaum Vorstellungen darüber hatte, was der Buddhismus genau ist. Klar, jeder weiß, dass es eine Glaubensrichtung ist und jeder kennt den lachenden Buddha mit dem dicken

Bauch, der seine Erleuchtung fand. Buddha bedeutet so viel wie „Erwachter", der die Leiden seines Lebens überwand. Er fand einen Mittelweg zwischen dem Hedonismus, also dem Streben nach Lust und Freude und der Askese, also dem völligen Verzicht, z. B. in Form von Enthaltsamkeit. Der Buddhismus ist vielmehr eine Lebenseinstellung als eine Religion, geprägt von ethischem Verhalten, Mitgefühl und Liebe.

Sind Sie noch auf der Suche nach einer Urlaubslektüre? Wie wäre es mit Siddhartha von Hermann Hesse?

Es sei gesagt, dass die meisten Gebäude ihrem ursprünglichen Zweck abgedient haben und zu buddhistischen Tempelanlagen umgebaut wurden. Sie sollten sich dementsprechend kleiden und Knie, sowie Schultern und Dekolleté bedeckt halten. Erweisen Sie der Kultur Ehre.

Die *Fujan Assembly Hall* – oder Phuc Kien, ist eines der ältesten Gebäude. Die Bewohner Fujans aus China versammelten sich hier, während sie in Hoi An lebten. Sie verehrten eine Meeresgöttin und zu ihrer Wertschätzung und Hochachtung wurde das atemberaubende Gebäude erbaut.

Die Tempelanlage *My Son* wurde von der Cham-Kultur geprägt. Sie erschufen sich ein eigenes Reich mit dem Namen Champa. Sie verehrten den Gott Shiva, der für das Männliche und Mächtige steht, als auch für Schöpfung und Neubeginn. Diese Gottheit stammt aus dem Hinduismus und wurde vor allem in Indien angebetet. Hier sind ca. 70 Tempel zu finden, schätzungsweise waren es ursprünglich noch mehr. Leider wurde das Gebiet während des Vietnamkrieges teilweise zerstört und ein Teil wurde dank Fördergelder der UNESCO wiederaufgebaut. Welch ein Paradoxon, oder? Man könnte meinen, dass Shiva seine Finger im Spiel hatte und für den Wiederaufbau gesorgt hat...

In den Türmen lassen sich unterschiedliche Verzierungen finden, vorwiegend von tierartigen Gestalten, mit Löwenköpfen oder Elefantenkörpern. Ein Guide würde Ihnen vermutlich unterschiedliche Stellen an den Wänden zeigen, wo man ganz genau sieht, welches Baumaterial damals genutzt wurde und welches heute. Halten Sie Ihre Augen offen und versuchen Sie, den Unterschied zu erkennen.

Erstaunlicherweise waren die Materialien ursprünglich viel robuster und hochwertiger.

Kleiner Tipp: Wenn Sie nachmittags kommen, umgehen Sie das Touristenchaos. Außerdem werden Sie mit sehr viel weniger Geld auskommen, wenn Sie den Besuch des My Sons auf eigene Faust planen.

Mögen Sie Räucherstäbchen? Die NAG CHAMPA Stäbchen sind meine Favoriten!

Weltkulturerbe und Architektur

Die sogenannte Ancient Town – die Altstadt Hoi Ans könnte der Hauptgrund dafür sein, die Stadt zu besuchen. 1999 wurde sie zum UNESCO-Weltkulturerbe benannt.

Die Architektur sei unter Berücksichtigung der vielen unterschiedlichen Handelspartner zu betrachten. Es ist kaum zu unterscheiden, welche kulturellen und fremden Einflüsse bei dem Aufbau der Stadt überhandnahmen. Die gelben Häuser stellen ein ganz besonderes Merkmal dar und erinnern an Kleinstädte Südostasiens. Die meisten Gebäude sind aus Holz gebaut und stammen aus der ersten Hälfte des 19. Jahrhunderts. Viele Dächer sind mit Yin und Yang Zeichen geschmückt, was vermutlich auf den

Taoismus zurückzuführen ist.

Wenn Sie daran interessiert sind zu sehen, wie die wohlhabenden Familien Vietnams lebten, besuchen sie das *Old House of Tan Ky,* welches um 1840 auch „Pfandleiher-Haus" genannt wurde. Entdecken Sie unterschiedliche Baustile und erleben Sie wahrhaft pompös ausgestattete Zimmer, die reichlichen Verzierungen an Wänden, Möbeln und Dekorationen. Man könnte meinen, durch ein Museum zu spazieren. Und der Vorteil dabei ist: der Eintritt ist frei. Außerdem finden Sie kein gestelltes Szenario vor, sondern einen natürlichen Wohnraum, in dem bereits sieben Generationen lebten.

Besuchen Sie das Old House und planen Sie am besten viel Zeit dafür ein. An dieser Stelle möchte ich keine weiteren Details nennen, um nicht zu SPOILERN! Wenn ein Haus Geschichten erzählen könnte, dann sicherlich Dieses. Ich wünsche Ihnen viel Fantasie, schalten Sie ihren Kopf aus und ihre Kreativität an!

SOMMER, SONNE, MEER...

Strand

Entlang der Strandpromenade teilen sich die Abschnitte in den *An Bang Beach*, der nach Westen verläuft. Östlich gesehen kommen Sie zum *Cua Dai Beach*. Es erwarten Sie weißer Sandstrand und riesige Palmen. Leider kann man die Auswirkungen des Taifuns noch erkennen. Lassen Sie sich davon nicht beunruhigen. In den frühen Abendstunden versammeln sich viele Einwohner an den Stränden. Manche picknicken und kochen das Essen vor Ort auf kleinen Kohlegrills. Für mich war dieses Bild ein sehr Besonderes. Die Ungezwungenheit und Entspanntheit zu beobachten, Kinder spielen zusammen, die Eltern bereiten das Abendessen vor. Die Familien untereinander begrüßten sich, reden miteinander, es wird geteilt und gelacht. Schon oft habe ich beobachtet, dass die Menschen, die am wenigsten haben, dennoch immer alles teilen, was Sie besitzen.

Wenn Sie aus der Altstadt kommen, sind es ca. 4 Kilometer, bis Sie den Cua Dai Beach erreicht haben. Viele Reisende sagten mir, dass Sie diesen Strand bevorzugen, da es hier ruhiger sein soll. Ein Spaziergang von ungefähr einer Stunde, das sind in etwa fünf Kilometer, trennt den Cua Dau vom Da Nang Beach. Sicherlich gibt es schönere Strände auf dieser Welt, doch um abzuschalten, die Seele baumeln zu lassen, Sonne zu tanken, ist das definitiv der richtige Ort. Hier gibt es einige Restaurants und Cafés, die Sie besuchen können.

Der Da Nang Beach ist meistens besser besucht und etwas größer. Ansonsten finden Sie auch hier alles, was Sie benötigen. Am Da Dang Beach gibt es zum Beispiel das Restaurant *Shore Club*. Wenn Sie gerne Fisch essen, sind Sie hier richtig. Am Abend könnten Sie den Sonnenuntergang bei einem Gläschen Wein betrachten.

Haben Sie eines der Fischerboote entdeckt? Sie sehen aus wie große, runde, halbierte Kokosnussschalen. Schießen Sie ein Foto von sich in dem Boot und entwerfen Sie eine individualisierte Postkarte für ihre Liebsten.

Inseln

Die Cham Inseln liegen ungefähr 15 km entfernt. Ich lege es Ihnen wärmstens ans Herz, inklusive einer (zwei, drei...) Übernachtung zu buchen. Als Naturliebhaber hätte ich eine ganze Woche auf der Insel verbringen können. Der Strand ist wunderschön und das Wasser strahlt herrlich blau. Wenn Sie entlang des Hauptstrandes *Ong* Beach laufen, dann werden Sie Strandabschnitte vorfinden, die verlassen und einsam wirken. Ich empfinde solche Orte als sehr heilend, da Sie eine Natürlichkeit und Unberührtheit ausstrahlen, die uns leider immer mehr abhandenkommt. Denken Sie nur an die ganzen Städte, der Teer auf der Erde, die hohen Häuser, lauter Verkehr... Die Cham Insel bietet einen Ausgleich für gereizte Nerven und erschöpfte Seelen. Hier können sich ihre Sinne erholen!

Sehenswürdigkeiten gibt es auf der Insel selbstverständlich auch. Die *Hai Tang Pagode* ist ein Kloster für Mönche. Dort können Sie nur das vordere Gebäude besichtigen, da ein Teil von der Masse unzugänglich ist. Sehr spektakulär ist außerdem ein Museum, welches Meerestiere ausstellt, die rund um die Insel gefunden wurden. Kaum vorstellbar, wie viele unterschiedliche, individuelle Bewohner es auf der Erde und im Wasser gibt.

Sie sehnen sich nach ein bisschen Frieden? Nach Stille und Erholung? Die Cham Insel wird sich Ihnen schenken und sie gehen reicher im Herzen und mit viel Gelassenheit nach Hause.

KURSE BESUCHEN

Suchen Sie nach einem neuen Hobby? In seinem Alltag nimmt man sich meistens nicht die Zeit, etwas Neues auszuprobieren. Dann fragt man sich, weshalb man unzufrieden wird. Nicht nur der Körper braucht Energie, sondern auch der Geist! Nähren Sie ihn, indem Sie ihn herausfordern. Werden Sie kreativ, beschäftigen Sie sich mit Philosophie oder einem interessanten Thema, in das Sie sich schon längst einlesen wollten. Hoi An wird Sie inspirieren!

Was wollten Sie schon immer mal ausprobieren?

Vietnamesische Kochkunst
Kochkurse werden an vielen unterschiedlichen Stellen angeboten. Halten Sie Ausschau nach Schildern in Restaurants oder fragen Sie einfach den Küchenchef nach einem Rezept, wenn Ihnen ein Essen besonders gut geschmeckt hat. Die Vietnamesen sind so herzliche und freundliche Menschen und die meisten Köche werden es von allein anbieten, Ihnen ein Gericht beizubringen. So sparen Sie außerdem Geld.

Keramik

Möchten Sie Ihren morgendlichen Kaffee gerne aus einer selbst getöpferten Tasse trinken? Die Werkstoffe zur Herstellung von Keramik sind in Vietnam unglaublich hochwertig. Sie beinhalten viele Anteile, die dem Porzellan ähneln, dem sogenannten „weißen Gold". In zentraler Lage können Sie in der Werkstatt *Bat Trang* an einem Töpferkurs teilnehmen. Sie bekommen eine Einführung, Hilfestellung, Materialien und alles, was Sie sonst benötigen, gestellt. Planen Sie den Kurs lieber am Anfang ihrer Reise, so kann ihr Werkstück in aller Ruhe trocknen und gebrannt werden. Im Anschluss kommt noch die Glasur oben drauf. Danach muss es noch mal im Ofen gebrannt werden. Die Herstellung dauert also eine Weile, jedoch ist es sehr interessant, die verschiedenen Stadien, die Ton aufgrund von Trocken- bzw. Nasszuständen einnehmen kann, zu beobachten und hautnah zu erfahren. Lassen Sie ihre Kreativität sprudeln!

Laternen

Die Herstellung einer Laterne geht etwas schneller von der Hand. Da Sie faltbar ist, brauchen Sie sich wegen des Transports nach Hause keine Gedanken zu machen. Sie stellen ein Symbol für Glück und Reichtum dar. Der Stoff außen herum ist aus Seide und der Rahmen besteht meistens aus Bambus. Häufig sind Teeverkostungen im Preis inbegriffen.

So unterschiedlich wie die Menschen sind, sind es Materialien... Ein Glück, es ist an jeden gedacht!

Welches Material spricht Sie an? Ton, Seide oder doch etwas ganz anderes?

Yoga

Yoga bedeutet Verbundenheit. Es umfasst körperliche Übungen, die Asanas genannt werden, so wie Atemübungen und Entspannungsübungen. Es dient der Vorbereitung auf die Meditation. Je nachdem, welcher Stil unterrichtet wird, kann es entweder anstrengen oder entspannen. Deswegen ist Yoga auch was für Jedermann! Suchen Sie sich einfach aus, was sie brauchen.

Nomad Yoga – Unterrichtet wird das dynamische, kraftvolle Ashtanga Yoga. Hier gibt es auch ein Café, wo sie andere Yogis kennenlernen können und gesunde und leckere Mahlzeiten sowie Getränke bestellen können.

A Luminary Life Wellness Centre – Hier können Sie Yin Yoga oder Gentle Yoga erforschen. Diese Stile beziehen sich mehr auf die Dehnung der Körperextremitäten.

Genuss –Für Körper & Seele

Das Essen in Vietnam war das weitaus Beste, was ich je in meinem Leben gegessen habe. Verglichen zu anderen Ländern Asiens schien mir die Küche in Hoi An etwas vielfältiger und kreativer zu sein. Stets hübsch angerichtet mit Gemüse, das in Form von Blüten geschnitten wird, gefüllte Bananenblätter, Bambusteller, Wunderkerzen. In diesem Sinne: Das Auge isst mit!

TRADITIONELLE SPEISEN UND GETRÄNKE

Zu welcher Sorte Mensch gehören Sie? Die, die Koriander lieben oder die, die es verabscheuen? Haben Sie auch schon gehört, dass die Mitte dabei nicht existiert?

Es sei Ihnen bewusst, dass ALLE Gerichte mit Koriander serviert werden. Ohne Ausnahme, ich habe leider sehr oft verzweifelt in meinem Essen herumstochern müssen... Bitte lernen Sie aus meinem Fehler und bestellen Sie es vorher ab!

BITTE OHNE KORIANDER – VUI LÒNG KHÔNG NGÒ

Cau Lao

Gedämpfte Reisbandnudeln, in einer Brühe aus Laugenwasser, serviert in einer Schüssel. Dazu gibt es Schweinefleisch, Bambussprossen, Kräuter und grünen Blattsalat. Die Tradition besagt, dass das Wasser mit der Asche von Pflanzen angereichert wird, die auf den Cham Inseln wachsen. Dieses Gericht gibt es in seiner einzigartigen Herstellung nur in Hoi An.

Banh Mi

Banh Mi ist sozusagen ein länglich geformtes Brötchen, das traditionell mit Gemüse und Fleisch gefüllt wird. Es gibt auch vegane Optionen, die mit Seitan gefüllt werden. Es ist absolut köstlich!

Banh Bao Banh Vac

Die Franzosen gaben dem Gericht den Namen White Rose. Es sind mit Shrimps gefüllte Dumplings aus hellem Reisteig, die blumenartig gefaltet werden und anschließend werden sie gedünstet. Getoppt wird das Ganze mit sehr kross gebratenem Knoblauch und Zwiebeln, bei Nachfrage auch mit Erdnüssen.

Tra Thao Moc

Ein Kräutertee, der ungefähr 24 Gewürze enthält. Genießen sie ihn warm oder kalt.

RESTAURANTS FÜR ALLE ANLÄSSE

In Hoi An ist wirklich an jeden gedacht. Es gibt reichlich viel Auswahl an Fleisch- und Fischgerichten, vegetarische und vegane Kost. Es gibt sowohl traditionelle als auch internationale Gerichte. Im Schnitt werden Sie ca. zwei - acht Euro für ein Gericht ausgeben. Je nachdem, welche Ansprüche Sie haben, kann das Budget für einen Tag also sehr variabel ausfallen.

Die meisten Restaurants sind sehr günstig, deswegen finden Sie in den folgenden Rubriken eine große Auswahl an Low Budget, während vergleichend dazu, die Auswahl an Fine Dining Restaurants eher bescheiden ausfällt. Es sollte gesagt sein, dass der Preis eines Gerichtes kein Indiz dafür ist, ob das Essen besser oder schlechter schmeckt.

Halten Sie Ausschau nach Restaurants, in denen viele Einheimische sitzen. Ein gutes Preis-Leistungs-Verhältnis ist garantiert!

Fine Dining
The Fiel Hoi An – Hier können Sie nicht nur lecker essen, die Gerichte sind auch noch künstlerisch angerichtet und das Ambiente ist sehr fein hergerichtet.

Sie sind umgeben von Reisfeldern und vielleicht können Sie eine Tour auf einem Fischerboot machen.

Insidertipp: Hier werden Kochkurse angeboten

Pure Vina Coffee and Restaurant – ein schickes Restaurant, welches außerdem die Möglichkeit bietet, guten Wein zu trinken und den Abend in Ruhe ausklingen zu lassen.

Low Budget und der kleine Hunger zwischendurch
Holen Sie sich ein Banh Mi auf die Hand, Früchte vom lokalen Markt, Reispapierrollen, gedünstete Erdnüsse...

Phi Banh Mi – nicht umsonst hört man es immer wieder, hier gibt es das beste Banh Mi der Stadt! Trinken Sie dazu einen traditionellen Tra Thao Moc Tee oder als Nachtisch einen Egg Coffee.

Phuong Restaurant – vietnamesische Gerichte, Fleisch, Fisch und vegan. Dieser Imbiss ist für seine Suppen bekannt.

Passion Restaurant & Bar – alles, was das Herz

begehrt. Probieren Sie die Wonton Suppe.

Pause Restaurant – ein sehr schicker Imbiss. Probieren Sie ein Fischgericht.

Ein Paradies für Vegetarier und Veganer

Beinahe jedes Restaurant verfügt über vegetarische und vegane Gerichte. Wenn es nicht explizit aufgeführt ist, dann fragen Sie lieber nach, um böse Überraschungen zu vermeiden. Häufig wird mit Fleischbrühe gekocht oder es wird Fischöl verwendet.

Minh Hien – ist ein sehr günstiges Restaurant, mit vegetarischer / veganer Speisekarte.
Geheimtipp: gegrillter Tofu in Bananenblättern

Quan Chay – ist ein kleines, veganes Restaurant in einer schmalen Seitengasse der Altstadt. Es ist ein Familienbetrieb. Hier können Sie sehen, wie das Essen vor ihrer Nase zubereitet wird. Es gibt verschiedene Gemüsesorten, Reis, Reisbandnudeln und vieles mehr, für sehr wenig Geld.
Haben Sie schon einmal Pho gegessen?

Ganesh Indian Restaurant – bietet eine Abwechslung zum vietnamesischen Essen. Die Bedienung ist sehr nett und freundlich.

HOT POT

Oder Feuertopf genannt – die Tradition stammt ursprünglich aus China. Dennoch ist sie in Vietnam sehr beliebt und weit verbreitet. In der Mitte des Tisches steht ein Topf, der mit einer Brühe gefüllt wird. Dort kommt alles hinein, was Sie essen möchten. Traditionell handelt es sich dabei um Nudeln, Fleisch, Meeresfrüchte oder Pilze.

Mai Fish – in der Altstadt am Thu Bon Fluss.

Sie haben sich für Hot Pot entschieden? Planen Sie etwas mehr Zeit ein. Mit einer größeren Gruppe wird das Ganze zu einem interaktiven Vergnügen!

KAFFEEKULTUR

Wie wäre es zur Abwechslung mal mit folgendem Plan: Machen Sie sich keinen! Schlafen Sie in aller Ruhe aus und gehen Sie dann gemütlich los, lassen sich von Ihrer Intuition führen und entscheiden Sie nach Lust und Laune, wo Sie Rast machen wollen. Nehmen Sie nicht immer die gleichen Wege, schauen Sie sich um, vielleicht gibt es eine kleine Gasse, in die Sie noch nicht gegangen sind und wer weiß, vielleicht wartet dort eine Überraschung...

Cafés

Kommen wir nun zu meinem Lieblingsthema. Ich liebe Cafés und habe einige auf dieser Welt besucht. Ich liebe einfach alles an ihnen. Vom Angebot der Heißgetränke bis hin zum Kuchen und anderen Gebäcken. Die Menschen, die Café-Besitzer, die Aufmachung, der Charakter... jedes Café hat meiner Meinung nach seinem ganz eigenen Charme. Dann gibt es welche, die groß sind, wo man sich gut verstecken kann und inkognito unterwegs sein kann. Dann gibt es kleine, gemütliche Cafés mit wenigen Plätzen. Man sitzt nahe beisammen und allein dadurch bietet es sich an, andere Menschen kennen zu lernen und sich in Gespräche zu verwickeln. Dann gibt es welche, in denen viele Reisende sitzen, welche, in denen viele Einheimische sind. Es gibt Cafés, da sieht man Menschen hinter ihren Laptops arbeiten. Cafés, in denen Bücher gelesen werden. Hoi An bietet eine enorme Vielfalt. Egal, wonach einem ist, es ist immer eines dabei, das perfekt auf die Bedürfnisse zugeschnitten ist.

Es folgt eine kleine Auswahl.

COCOBOX VIETNAM – in Le Loi, Phuong Minh An. Das Besondere an diesem Café ist der „kalt gepresste" Saft. Die Früchte und das Gemüse, das dafür verwendet wird, kommen aus der Umgebung. Die Küche ist vorwiegend vegetarisch/vegan und ist sehr modern inszeniert. Außerdem gibt es einen kleinen Laden, wo Tee, Kaffee, Tassen, Öle, Soßen und vieles mehr gekauft werden kann. Die Frontseite ist nach vorne hin geöffnet und die Atmosphäre wirkt sehr vertraut. Hier kann man sich wie zuhause fühlen, Kraft und reichlich Vitamine und Mineralien tanken!

Probieren Sie etwas Neues aus. Wie wäre es mit Kokosmilch oder Sojamilch zum Kaffee, anstatt

Kuhmilch?

MIA COFFEE – gelegen an der Phan Boi Chau Straße. Von außen wirkt es sehr unscheinbar. Aber vielleicht ist es genau das, was Sie heute benötigen. Hierher habe ich mich zurückgezogen, wenn ich in mein Reisetagebuch schreiben wollte oder die Eindrücke der vergangenen Tage reflektiert habe. Es war immer genügend Ruhe da, um ein kleines Telefonat zu führen oder um einfach ganz gemütlich seinen Kaffee zu schlürfen. Die Straße ist weniger belebt, sodass man dem Lärm des Verkehrs entkommen kann.

Vielleicht haben Sie Lust, etwas Neues auszuprobieren. Kaufen Sie sich ein Heft, das Ihnen gefällt. Halten Sie besondere Momente fest.

Was hat Sie berührt? Was hat Sie ins Staunen versetzt? Wie empfinden Sie die Kultur? Was hat Ihnen am besten geschmeckt? Vielleicht können Sie nach dem Rezept fragen und es aufschreiben. Wenn Sie zurück in der Heimat sind, wird sich das Fernweh alsbald melden. Eine kleine Erinnerung an eine friedvolle Reise könnte Ihre Sinne wecken.

Thuc Quyen – verfügt über eine eigene Kaffee-rösterei. Hier können Sie außerdem internationales Frühstück bekommen, falls Ihr sensibler Magen sich meldet und die vielen scharfen Gewürze nicht gut verdauen kann.

Kaffeespezialitäten
Der *Kopi Luwak (Katzenkaffee)* – auch bekannt als der teuerste Kaffee der Welt. Ursprünglich wurden zur Produktion dieser Rarität die ausgeschiedenen Kaffeebohnen von freilebenden Schleichkatzen ein-gesammelt. Man möge sich vorstellen, dass heutzu-tage, bei steigender Anfrage, die Herstellung dieses Kaffees ethisch verwerflicher abläuft. Im Laufe der Zeit haben sich Betriebe entwickelt, die aus dem na-türlichen Vorkommnis einen Weg des Kommerzes machten. Denn eigentlich entspricht es der Natur dieser Katzen, das Fruchtfleisch der Kaffeebohnen zu essen. Gewisse Enzyme im Magen der Tiere las-sen die Bohnen fermentieren. So soll ein sehr erdiger und kräftiger Geschmack entstehen, nachdem die Bohnen geröstet wurden.

Eine weitere Spezialität ist der vietnamesische *Egg Coffee.* Dafür wird das Eigelb mit sehr viel Zu-cker und etwas Milch aufgeschlagen. Zu guter Letzt kommt der heiße Kaffee oben darauf. Diabetiker sollten sich gut überlegen, ob sie diesem Zuckerschock gewappnet sind. Es ist sicherlich eine Verkostung wert. Wenn Ihnen nach einem kleinen Energiekick zumute ist oder Sie Süßes lieben, dann ist der Egg Coffee sicherlich zu empfehlen.

Insidertipps

Schlüpfen Sie in neue Rollen und kriechen Sie aus ihrer Komfortzone. Meine Erfahrungen haben mich stets gelehrt, ohne Sorgen und Ängste meiner Spontanität den freien Willen zu gewähren. Da eine meiner großen Leidenschaften ist, mich in neue Situationen zu begeben, ohne mir vorher groß darüber den Kopf zu zerbrechen, wie ich von A nach B komme oder was auf mich zukommen wird, konnte ich von vielen, aufregenden Erlebnissen profitieren. Ich erinnere mich voller Dankbarkeit an eine sehr liebevolle, vietnamesische Familie, die mich auf ihrem Truck mit in die Stadt genommen hat. Sie haben bemerkt, dass ich planlos am Ausgang des Flughafens stand und versucht habe die Situation zu überblicken. Ich war erstaunt darüber, wie klein der Flughafen und wie überschaubar die Menschenmenge war!

Überhaupt nicht typisch für Asien – im Gegenteil. Als wir in Hoi An ankamen, wurde ich noch zum Essen eingeladen. Die Bedingung war: erst, wenn du satt bist, darfst du gehen. Es gab Reis mit verschiedenen Gemüsecurrys und ein Fischgericht. Die Mutter erzählte stolz, dass ihre Kinder Englisch lernten. Wir tauschten ein paar Wörter aus und mussten herzlich lachen, denn leider verstanden wir nur wenig voneinander. Wir kommunizierten vorwiegend über Gestik und Mimik und mir wurde wieder einmal klar, wie schön es ist, Misstrauen, welches sich oft heimlich und unsichtbar im alltäglichen Leben bei Stress anschleicht und kaum wahrgenommen wird, LOSZULASSEN.

Voller Vertrauen in eine Reise zu starten, Mut zu fassen für neue Erfahrungen, Offenheit für neue Kulturen und Sitten – all das hat mich dann eben doch gelehrt, dass Leidenschaften nicht bloß Leiden schaffen, sondern viele kleine und große Wunder mit sich bringen. Lassen Sie los und erlauben Sie sich frei zu sein!

Sind Sie ein Katastrophisierer? Kein Grund zur Panik! Schreiben Sie Ihre Ängste und Sorgen auf, bevor Sie Ihre Reise planen. So können Sie gelassenere und freiere Entscheidungen treffen.

ASIATISCHER VERKEHR

Falls Sie aus Ihrem Heimatland einreisen und nicht gerade auf Weltreise sind und Vietnam nur ein weiterer Abstecher ihrer Tour ist, dann ist es ratsam, *Da Nang* als Ankunftsort auszuwählen. Die Stadt liegt nur 30 Kilometer entfernt und Hoi An kann in nur ca. 45 Minuten mit dem Auto erreicht werden.

Falls Sie vorab eine Unterkunft gebucht haben, fragen Sie nach, ob es einen Pick-up Service gibt. Denn die meisten Hotels und Hostels bieten die Möglichkeit an, ihre Gäste direkt vom Flughafen abzuholen. So können Sie sicherstellen, dass Sie einen angemessenen Preis für die Fahrt zahlen. Dieser sollte sich nicht mehr als auf 200.000 Dong belaufen. Das sind umgerechnet ungefähr 5,50 €.

Auf diversen Internetseiten kann vorab auch ein

Shuttle-Service gebucht werden, also eine Fahrt mit dem Bus. Oder Sie buchen ein Taxi für sich allein und zahlen auf diesem Wege natürlich etwas mehr.

Seien Sie spontan, vielleicht können vor Ort die ersten Bekanntschaften mit anderen Reisenden gemacht werden und im Sinne des *Carpoolings*, also das gemeinsame Teilen eines Taxis, kann die Fahrt für alle Beteiligten günstiger werden.

Wie es so schön heißt „Wir sitzen alle im selben Boot" und an die Umwelt wird auch noch gedacht.

Geheime Möglichkeiten für unabhängigere Formen der Fortbewegung

Eine meiner schönsten Erinnerungen sind die morgendlichen Fahrradtouren entlang der Reisfelder. Sattes Grün, ein blauer Himmel, die Sonne geht auf und hinterlässt ein warmes Gefühl auf der Haut. Es ist still um mich herum und was ich sehe, ist nichts als Weite. Egal wo man sich befindet, ständig wird man begrüßt und strahlend angelächelt. Die Einheimischen nehmen sich Zeit und hören kurz mit ihrer Arbeit auf. Sie schauen einem in die Augen und ihre Ruhe und Gelassenheit geht förmlich in den eigenen Körper über. Einige fahren sehr bemerkenswert mit ihren vollgepackten Rollern durch die Gegend, hinten klammert sich noch ein Kind fest an sein Elternteil und vorne, zwischen den Beinen, sitzt auch noch ein Hund. Dieses Bild zeichnet Hoi An, Vietnam, für mich aus. Gelassene, liebevolle, freundliche und auf eine charmante Art und Weise verrückte Menschen.

Als Befürworter für das Nutzen der eigenen Beine, rate ich Ihnen, dass Sie sich ein Fahrrad mieten. So kommen Sie an viele, unberührte Orte und tun nebenbei auch noch etwas Gutes für Ihren Körper und die Umwelt. Außerdem können Sie so den Einheimischen ganz nah sein und sehen, wie sie leben. Sie können durch kleinere Gassen fahren, wo kein Auto lang kommen könnte, und haben Zeit sich in Ruhe umzuschauen.

Falls Sie gerne etwas schneller unterwegs sind, gibt es natürlich auch die Möglichkeit Roller oder Motorräder zu mieten. Es wird meistens für 24 Stunden abgerechnet und beträgt im Durchschnitt ungefähr 5 – 10 Euro.

Halten Sie Ausschau nach Ständen mit den Worten *Scooter for Hire.*

Für ein möglichst angenehmes und sicheres Fahrgefühl überlegen Sie sich vorab, welche

Qualitäten das ausgeliehene Modell mit sich bringen soll. Fahren Sie lieber mit Automatik? Oder trauen Sie sich zu, mit Gangschaltung zu fahren? Welche Strecke wollen Sie abfahren? Ist die Strecke bergig? Wenn dem so ist, dann lässt sich eher ein halbautomatisches oder ein manuelles Modell empfehlen.

Wie reisen Sie am liebsten?

DIE TAYLORS

Hoi An ist die Stadt der handgefertigten Textilien. In keinem anderen Land habe ich so viele Schneidereien gesehen. Die Stoffe sind sehr hochwertig und dennoch bezahlbar. Wenn Sie eigene, kreative Ideen haben, dann malen Sie es auf und zeigen Sie es einem der Taylors. Sie können sich selbst Stoffe aussuchen. Die Taylors werden Sie ausmessen und meistens dauert es bloß ein bis zwei Tage, bis Sie Ihr Kleidungsstück abholen können.

Brauchen Sie ein neues Kleid oder einen neuen Anzug?

PURE PATHS / TREKKING

Die Pure Paths sind ein wahres Highlight! Betrachten Sie Vietnams Wildnis. Auf einem Wanderweg entlang des Flusses werden Sie Wasserfälle sehen, Sie können schwimmen gehen und sind von unglaublich viel Grün umgeben! Atmen Sie die frische Luft ganz tief ein. Ihre Lungen werden sich durch die Anstrengung reinigen, denn es sei gesagt, dass die Route Anstrengung erfordert! Pure – nicht ohne Grund wird der Weg, der echte, unverfälschte Weg genannt. Hier können Sie aufgrund des abgetretenen Bodens sehen, wo Sie lang müssen. Keine Schilder, keine Abgrenzungen, pure Freiheit...

Wie sieht die Natur im Unterschied zu Ihrer Heimat aus?

NIGHTLIFE

Das Nachtleben in Hoi An ist weniger turbulent als in anderen Städten Vietnams. Im folgenden Abschnitt sind verschiedene Möglichkeiten für verschiedene Gemüter aufgeführt.

Für die „Introvertierten"

GAM Gemstone Art Museum & Winebar – hier können Sie Cocktails, Wein oder Bier trinken, interessante Menschen kennenlernen und ein wahrlich einzigartiges Ambiente bestaunen.

White Marble Wine Bar – wenn Sie Weine mögen, sind sie hier gut aufgehoben. Die Weinkarte ist sehr imposant und bietet verschiedene Variationen aus Vietnam und Europa.

Für die „Extrovertierten"

Serendepity Hoi An – ein Club zum Tanzen und wild sein. Lassen Sie Ihre Anspannung fallen. Sie treffen hier auf ein internationales Volk, viele Menschen aus ganz unterschiedlichen Ländern. Passen Sie auf Ihre Getränke auf und lassen Sie sich nichts Verrücktes andrehen.

Guitar Hawaii Hoi An Live Musik Bar – hier können Sie Live-Musik genießen. Die Bar hat von morgens an geöffnet. Falls Sie ein Instrument spielen, ist das der beste Ort, um andere Musiker zu treffen. Wer weiß, vielleicht stehen auch Sie bald auf der Bühne.

ABSTECHER NACH DA NANG

Da Nang liegt nur in etwa 40km von Hoi An entfernt. Verpassen Sie auf keinen Fall eine Fahrt mit der längsten Seilbahn der Welt! Danach noch ein kleiner Abstecher in die Marble Mountains und zum Abschluss des Tages ein kurzer Sprung ins Meer. Mieten Sie einen Roller oder ein Motorrad, so kommen Sie günstig voran, sind unabhängig und können den Tag ganz in Ihrem eigenen Tempo gestalten.

Wie wäre es mit ein bisschen Abenteuerlust?

Marmorberge
Die *Marble Mountains* sind ein echter Geheimtipp. Zwar fahren Sie dafür in die 40 km entfernte Stadt Da Nang, aber das sollte es Ihnen wert sein. An diesem wundersamen Ort werden sie kaum Touristen sehen. Viele Einheimische kommen hierher, um zu beten und den Vorfahren Ehre zu erweisen. Sie

zünden Räucherstäbchen an, was unter anderem ein Zeichen für Klarheit, Reinigung und Frieden ist. In den Marmorbergen werden sie zunächst einen Tempelvorhof vorfinden. Trauen Sie sich in das Gebäude zu gehen und der Nase nach dem Weg zu folgen. Wenn Sie möchten, können Sie natürlich auch einen Guide buchen. Zum Beispiel könnten Sie sich fragen, warum die Buddha-Statuen so unterschiedliche Stellungen der Hände einnehmen. Das sind sogenannte Mudras, die unterschiedliche Bedeutungen haben. Die Marmorberge bestehen aus vielen kleineren und größeren Höhlen. Mit einem wachsamen Blick für ihre Umgebung, sollte es Ihnen gut gelingen, sich zu orientieren. Ziehen Sie am besten feste, geschlossene Schuhe an, denn es könnte sein, dass Sie gezwungen sind zu klettern. Aber keine Angst, alles auf Anfängerniveau, stellen Sie sich vor, sie wollen einen etwas steileren Gang hinauf.

Ba Na Hills und die Golden Bridge
Es sei gesagt, dass dieses Örtchen wohl sehr gut besucht sein wird. Ba Na ist ein französisches Dorf. Es sieht aus wie ein alter Schlosskomplex, und wird auch „Schloss im Himmel" genannt. Von den Ba Na Hügeln aus können Sie auf die Stadt Quang Nam

schauen. Die nicht unlängst erbaute Golden Bridge ist ein wahres Meisterwerk - eine Brücke, die von riesigen Steinhänden getragen wird. Es erwartet Sie ein Erlebnispark, gutes Essen und viele bunte Blumen. Außerdem können Sie mit der Seilbahn fahren und von dort aus einen herrlichen Ausblick genießen.

Fliegen Sie von Da Nang nach Hause? Wenn Sie genug von Hoi An gesehen haben, checken Sie doch für ein oder zwei Nächte in einer Unterkunft in Da Nang ein und erleben Sie die Marble Mountains und die Ba Na Hills.

TCM – TRADITIONELLE CHINESISCHE MEDIZIN

Interessieren Sie sich für Gesundheit?
Was bei uns im Westen erst seit kurzer Zeit Anklang findet, wird in den östlichen Breitengraden seit sehr langer Zeit praktiziert. Die traditionelle chinesische Medizin beschreibt den menschlichen Organismus basierend auf dem Yin und Yang Prinzip. Während Yin die Weiblichkeit, Ruhe und Kälte repräsentiert, beinhaltet Yang Energie Männlichkeit, Aktivität und

Hitze.

Jeder Mensch habe seine eigene, individuelle Neigung zu einem Element. So beginnt der Kreislauf mit dem Holz-Element. Des Weiteren existieren Feuer, Erde, Metall und Wasser.

Gerät ein Element aus dem Gleichgewicht, so ergibt sich eine Wechselwirkung zwischen den anderen Elementen. Folgendermaßen könnte das Prinzip erklärt werden:

Holz erzeugt Feuer, die Asche nährt den Boden und wird zu Erde, Erde wird durch Druck zu Metall, Metall reichert das Wasser mit Mineralien an, Wasser nährt das Element Holz (Pflanzen können wachsen).

In Hoi An gibt es verschiedene Mediziner, unter anderem auch für den pädiatrischen Bereich. Lassen Sie sich vor Ort beraten. Es muss nicht zwingend eine Krankheit vorliegen. Vielleicht plagen Sie viele Unverträglichkeiten oder Allergien und Sie wollen sich in Sachen Ernährung beraten lassen. Übergewicht, Migräne, Stress, Stimmungsschwankungen... all die kleinen Symptome, die unseren Alltag erschweren, existieren basierend auf einem Ungleichgewicht der fünf

Element. Finden Sie Ihr Gleichgewicht.

TIPPS FÜR DEN KLEINEN GELDBEUTEL

Auf eigene Faust – Nehmen Sie Abstand von Verkaufsständen, an denen Ganz- oder Halbtagestouren angeboten werden. Diese sind meistens sehr überteuert, man muss sich an vorgegebene Pläne halten und die Mittagspausen werden häufig in überteuerten Restaurants abgehalten. Stattdessen können Sie Hotel bzw. Hostel Betreiber, die Vermieter eines Homestays oder ganz einfach Einheimische auf der Straße fragen, ob es günstigere Möglichkeiten gibt. Wer weiß, vielleicht schließen sie Freundschaften und ein Bewohner der Stadt möchte Ihnen gerne ein paar Sehenswürdigkeiten zeigen. Seien Sie offen und neugierig.

Sprache – Lernen Sie ein paar wichtige Wörter auswendig, wie zum Beispiel „Eins", „Zwei", „Hundert", „Tausend", „Danke", „Bitte". Damit imponieren Sie die Verkäufer auf dem Markt und diese werden Ihnen sofort einen Preisnachlass geben.

Günstige Flüge – vermeiden Sie Reisebüros und schauen Sie lieber auf Internetportalen, wie zum Beispiel Skyscanner. Ich habe die besten und günstigsten Flüge komischerweise immer Montag morgens gefunden. Ein weiterer Tipp: Wenn Sie flexibel von Ihrem Abreisedatum und Abflugort her sind, dann geben Sie keine spezifischen Daten ein, wie Berlin nach Da Nang vom 1.03.2020 – 10.03.2020. Geben Sie Folgendes ein: Land, zum Beispiel Deutschland, nach Da Nang. Und dann geben Sie den Monat ein, an dem Sie reisen möchten. So werden Ihnen automatisch die günstigsten Flüge rausgesucht. Häufig ist es günstiger, wenn man die Hin- und Rückflüge separat bucht.

Günstig Wohnen – angenommen, Sie wollen länger bleiben und es macht Ihnen nichts aus, für ein paar Stunden am Tag zu arbeiten. Fragen Sie in den Hostels und Homestays nach, ob sie für *Accomodation* arbeiten können. Das bedeutet, dass Sie im Austausch für ein Bett ein wenig mithelfen. Das sind dann einfache Aufgaben, wie zum Beispiel das Frühstück vorzubereiten oder Betten neu zu beziehen.

Roller- oder Motorradkauf – wenn Sie gerne Roller oder Motorrad fahren, dann kaufen Sie sich doch ihre eigene Maschine. Diese können Sie bei Abreise wieder weiterverkaufen. So sparen sie die Mietkosten ein. Die Preise dafür variieren zwischen 170 bis 300 Euro.

Wohnen in Hoi An

Reisen Sie allein, mit dem Partner, der ganzen Familie oder mit Freunden? Sind Sie lieber allein oder in Gemeinschaft? Möchten Sie Ruhe und Entspannung, Abenteuer oder von allem etwas? Ich lege Ihnen ans Herz, dass Sie sich bei so vielen wundervollen Möglichkeiten nicht nur auf eine Unterkunft festlegen müssen. Vielleicht schlafen Sie zuerst in einem Wellnesshotel, um in Ruhe anzukommen. Danach wechseln Sie in ein anderes Hotel, in einer anderen Stadtlage. Vielleicht reicht es, wenn Sie sich ein Zimmer mit anderen Reisenden teilen, wenn Sie das Bett nur für die Nachtruhe brauchen. Und vielleicht möchten Sie der Kultur ganz nahe sein und sich mehr wie zuhause fühlen als auf Durchreise, so empfehle ich Ihnen ein Homestay. Diese Option ist meistens sehr günstig und die Vietnamesen haben eine ausgesprochen hohe Wertvorstellung von Gastfreundschaft.

HOTEL

Ein Hotel bietet den höchsten Standard an Komfort und Luxus. Ein großes Zimmer, ein riesiges Bett, das jeden Tag frisch bezogen wird. Ein Badezimmer mit Badewanne. Ein Balkon, ein Kleiderschrank, ein Fernseher, Zimmerservice rund um die Uhr... Sie können sich zwischen Vollpension, Halbpension oder mit Frühstück entscheiden. Meistens gibt es Wellnessbereiche und Fitnessräume, die Sie nutzen können. Buchen Sie Massagen, einen Friseurtermin, Gesichtsbehandlungen. Hier brauchen Sie sich wirklich um nichts zu kümmern.

Silk Village Resort & Spa – Die großen Zimmer verfügen über Balkone und Badezimmer mit Badewannen. Die Wände sind mit Marmor verkleidet und draußen gibt es einen großen Pool, mitten in ganz viel Grün. Und das nur für 50 Euro die Nacht für ein Doppelzimmer. Das Frühstücksbuffet ist inklusive und glänzt mit einer Vielzahl an Speisen. Das Hotel hat außerdem ein Spielzimmer für Kinder und einen Trainingsraum. Ein Spa und ein Wellnessbereich sind ebenso inbegriffen. Lassen Sie sich außerdem vom Flughafen abholen.

Lasenta Boutique Hotel Hoi An – während Sie im Pool schwimmen oder am Rande Sonnenbaden, haben Sie einen direkten Blick auf die grünen Reisfelder. Das Hotel verfügt über einen Spa Bereich, große Zimmer mit Balkon und riesigen Badezimmern. Es gibt außerdem die Möglichkeit den Trainingsraum zu nutzen. Bei einem Preis von ungefähr 120 Euro die Nacht ist dieses Hotel eines der teuren Varianten.

HOSTEL

Ein Hostel kann über verschiedene Eigenschaften verfügen. Oftmals gibt es ein oder zwei Einzel- bzw. Doppelzimmer und sogenannte „Dorms". Das sind Schlafsäle, die Sie sich mit anderen Reisenden teilen. Das größte Hostel, in dem ich geschlafen habe, hatte ein Zimmer mit 24 Betten. Üblicherweise sind es Vier-, Sechs- oder Achtbettzimmer. Dazu gibt es noch die Auswahl zwischen männlich, weiblich oder gemischt. Nicht jedes Zimmer verfügt über ein eigenes Bad, meistens finden Sie diese in den Fluren. Anders als im Hotel müssen Sie ihre Betten selbst machen. Einmal die Woche werden die Laken gewechselt. Sauber gemacht wird natürlich jeden Tag. Die Hostels sind oftmals inklusive Frühstück buchbar. Sie können aber auch die hauseigenen Küchenräume nutzen, um ihr eigenes Essen zuzubereiten.

Tipi Hoi An – hier habe ich gehaust. Das Hostel verfügt über eine große Dachterrasse, auf der man abends bei Sonnenuntergang, gemütlich sitzen kann. Eine Nacht kostet hier nur vier Euro! Obwohl es sehr zentral liegt, fühlte ich mich keineswegs vom Verkehrslärm gestört. Es gibt außerdem einen Pick-Up

Service vom Flughafen. Für das Frühstück zahlen Sie bloß einen Euro Aufpreis.

Cococha Hostel & Pool Club – das Hostel bietet einen Außenpool im Grünen. Es gibt außerdem eine Bar, Sie sollten also gerne feiern gehen und auf der Suche nach Bekanntschaften sein. Langweilig wird es hier nicht! Das Frühstück ist inbegriffen. Zimmerpreise ab drei Euro.

The Light Villa Hoi An – ruhig und gemütlich, klein und familiär. Ein unscheinbarer Hostel, welches dennoch viel Charme besitzt. Es ist mitten im Grünen gelegen und Sie können es sich auf Hängematten gemütlich machen. Sie können hier für fünf Euro die Nacht schlafen.

HOMESTAY

„Live like a local". Wenn Sie sich lieber wie zuhause fühlen wollen und sich gleichzeitig als vollwertiges Mitglied einer neuen Kultur integrieren wollen, dann halten Sie Ausschau nach einem geeigneten Homestay. Sie werden hier entweder allein oder mit anderen Urlaubern wohnen. Einheimische Familien, die verreist sind, vermieten ihr eigenes Zuhause. Oder es ist so groß, dass Sie einen Teil zur Miete zur Verfügung stellen. Zurzeit ist es in den asiatischen Ländern sehr modern, einfach ein neues Haus zu bauen, um es zur Miete anzubieten. Die Preise variieren sehr stark, je nach Lage und Konditionen, wie z.B. eine Küche, Waschmaschinenmitbenutzung, Garten, Zimmeranzahl, Zimmergröße, Pool, Garten.

Heutzutage kennt fast jeder das Internetportal Airbnb. Hier finden Sie eine breite Auswahl an Möglichkeiten. Schauen Sie außerdem auf die Seite www.homestay.com.

Meiner Erfahrung nach hat es sich immer als sehr positiv erwiesen, vor Ort nach Homestays zu fragen. Meistens kennt irgendjemand, irgendwen, der irgendwen kennt... und Schwups, machen Ihnen die wahnsinnig freundlichen Vietnamesen wieder ein Angebot. Die Gastfreundschaft ist in diesem Land wirklich einzigartig!

Viet's Family River – ein großes Haus, welches Sie sich mit anderen Reisenden teilen. Es gibt sowohl Einzelzimmer als auch Doppelzimmer. Eine Nacht kostet ungefähr 15 Euro.

Friendly Jasmine Homestay – sehr gemütlich und wohnlich mit einem kleinen Garten. Zimmerpreis ab 15 Euro pro Nacht.

Was erwarten Sie von Ihrer Unterkunft? Welches Budget planen Sie dafür ein?

Rundum Paket einer Reise!

Ich erinnere mich zurück, wie ich die erste Reise meines Lebens gebucht habe. Aus lauter Angst ging ich ins Reisebüro, weil ich mich absichern wollte, dass ja nichts schiefgeht. Heute weiß ich, dass es genauso gut klappt, die Flüge im Internet zu buchen. Und somit spart man häufig sehr viel Geld! Ich weiß noch genau wie die Frau mich fragte: „Und Sie fliegen allein, haben Sie denn keine Angst?" Da musste ich erst mal heftig schlucken, denn wie Sie wahrscheinlich schon mitbekommen haben, bin ich folgender Typ: erst machen, dann denken. Nun ja, immerhin gab es darauf erst mal einen kleinen Sekt und so sei der Vorteil des Buchens in einem Reisebüro auch erst mal klargestellt, denn geteilte Freude ist bekanntlich doppelte Freude!

Wo wollen Sie buchen? Im Internet, im Reisebüro? Wenn Sie noch nicht so viel Ahnung haben, wie so etwas funktioniert, bitten Sie Freunde oder Familie um Hilfe. Ein kleiner Tipp von meiner Seite: Wenn Sie auf Komfort verzichten können und Geld einsparen wollen, schauen Sie nach Nachtflügen oder längeren Wartezeiten bei Anschlussflügen.

BITTE NICHT VERGESSEN…

Reisepass

Liebe Einreisenden, besitzen Sie einen gültigen Reisepass? Wenn ja – sehr gut. Falls nicht, dann sollten Sie eine Behörde aufsuchen, um den Reisepass zu beantragen. Dafür benötigen Sie ein Passbild, welches ein bestimmtes Format aufweisen muss. Gute Fotografen wissen Bescheid, machen Sie sich hübsch und lassen Sie sich ablichten.

ACHTUNG! Achten Sie darauf, dass Ihr Reisepass

mindestens noch einen Monat nach Datum der Einreise gültig ist. Um auf Nummer sicherzugehen, ist es empfehlenswert, einen neuen Reisepass zu beantragen. Außerdem kann es ein wenig dauern, bis Ihr beantragter Reisepass ankommt, nämlich bis zu 6 Wochen.

Visum

Das Visum ist eine Voraussetzung dafür, die Reise antreten zu können. Wenn Sie am Schalter Ihres Flughafens einchecken, wird dank einer automatischen Datenübertragung festgestellt, ob ein Visum vorhanden ist oder nicht. Die beste und einfachste Möglichkeit ist das Beantragen eines E-Visums, wie zum Beispiel auf www.e-visum-vietnam.com, welches ganz bequem zuhause ausgedruckt werden kann. Dort stehen verschiedene Möglichkeiten zur Verfügung. Sind Sie Geschäftsreisende/r? Tourist? Oder sind Sie bloß auf Durchreise? Wählen Sie aus, was zu Ihnen passt. Zudem wird nach dem Grund für die Reise gefragt, wann sie ein- und ausreisen (die Flugtickets müssen also vorab gebucht werden!) und wo Ihr Ankunftsort sein wird. Danach erscheint ein Register, wo Daten zur eigenen Person eingegeben werden müssen. Achten Sie auf Sorgfalt, denn die Daten müssen mit den Angaben in Ihrem Reisepass übereinstimmen. Die Mitarbeiter am Flughafenschalter kontrollieren das Visum sehr genau und um mögliche Probleme zu vermeiden, lesen Sie sich ihre Angaben am besten zweimal durch.

Das Visum sollte mindestens eine Woche vor der Einreise beantragt werden.

Auslandskrankenversicherung

Fragen Sie bei Ihrer Versicherung nach, ob Sie in dem Zeitraum, für den Sie gebucht haben, abgesichert sind. Bei Reisen, die unter drei Wochen dauern, ist das meistens der Fall. Eventuell müssen Sie einen kleinen Aufpreis zahlen. Ansonsten gibt es verschiedene Reiseauslandsversicherungen, die Sie über das Internet buchen können. Wie zum Beispiel von Hansemerkur. Es werden alle medizinischen Kosten übernommen, auch Zahnersatzreparaturen. Es gibt eine Hotline, die sie im Falle eines Notfalls 24 Stunden erreichen können. Ein Krankenrücktransport wäre auch gesichert, so wie stationäre Krankenhausaufenthalte.

Denken Sie an gewisse Sicherheitsvorkehrungen. Es kann nie schaden, sich gut abzusichern und es passiert nichts, statt anders herum. Vietnam ist ein Land mit wildem Verkehr, wenn Sie noch nie zuvor Roller gefahren sind, könnte es eine ganz schöne Herausforderung für Sie werden. Man sieht immer wieder viele Reisende, die mit Verbänden an Knien und Ellenbogen rumlaufen. Tragen Sie immer einen Helm!

KURZ UND KNAPP, ABGEHAKT!

Reisevorbereitung

- ○ Reisepass
- ○ Flugticket Hin und Zurück
- ○ Visum (mindestens 1 Woche vorher)
- ○ Buchung der Unterkunft, mindestens für Tag 1, zur Hauptsaison komplett
- ○ Reiseversicherung
- ○ Gepäckliste erstellen
- ○ Budget planen (mindestens 10 Euro pro Tag)

Sehenswürdigkeiten

- Ancient Town
- Japanische Brücke
- Tan Ky House
- Museum
- Cham Inseln
- Marmorberge
- Ba Na Hills
- Tempelanlagen, My Son

Aktivitäten

- Keramikkurs
- Laternenkurs
- Yoga
- Trekking / Pure Paths

Kulinarische Erlebnisse

- o   Hot Pot
- o   Cau Lao
- o   Banh Mi
- o   Tra Thao Moc

Na, Lust bekommen?

Schmeißen Sie sich ins kalte Wasser, WACHEN SIE AUF! Haben Sie das Gefühl festzustecken? Sie müssen neue Dinge ausprobieren, vor allem müssen sie erleben und leben. Lebendigkeit herrscht dort, wo Dinge sich bewegen, um sich neu ordnen zu können. Neue Eindrücke zu sammeln, erweitern den Horizont und den Geist. Wir lassen uns inspirieren und entdecken neue Seiten an uns. Auf einmal fühlen wir uns frei und unbeschwert, denn im Alltag sind wir an viele Bedingungen geknüpft.

Wir müssen uns an vorgegebene Arbeitszeiten halten. Pausen bestimmen, wann wir Hunger haben sollten. Selbst das zur Toilette gehen scheint irgendwie immer zur selben Uhrzeit stattzufinden. Wir laufen und laufen in dem Hamsterrad, bis uns schwindelig wird und wir im schlimmsten Falle krank werden. Hören Sie auf die Signale Ihres Körpers, Ihrer Seele und Ihres Geistes. Suchen Sie nach Lösungen, um sich mehr Freiheiten zu erlauben. Entscheiden Sie nach Gefühl, treffen Sie Entscheidungen, vor denen Sie Angst haben aber tief im Inneren wissen Sie ganz genau, was Sie brauchen.

Vietnam, spezieller Hoi An, bietet einen hervorragenden, sanften Start in das Reiseleben. Wenn Sie zuvor noch nie gereist sind, dann ist dieser Ort perfekt für die ersten Erfahrungen. Anders als zum Beispiel in Bangkok, wo reger Verkehr herrscht und es allein schon schwierig wird, eine Straße zu überqueren. Es riecht sehr unangenehm und man könnte sehr schnell einen Kulturschock erleben.

Tasten Sie sich an Asien heran, in dem sie zunächst Hoi An besuchen. Die Stadt ist zwar lebendig, jedoch auch nicht sehr groß und überschaubar. Es riecht natürlich in eigenartig, aber nicht unangenehm. Ich hatte außerdem das Gefühl, dass die Stadt etwas europäisch wirkte, was sicherlich an dem Einfluss aus der französischen Kolonialzeit lag und den anderen Mentalitäten der Holländer und Engländer, die zur großen Handelsgemeinschaft dazugehörten. Ich war sehr erstaunt über die Fortschrittlichkeit.

Danke! - Was Ich Ihnen noch mit auf die Reise geben möchte

Als ich das erste Mal in Asien war, begegnete mir solch eine Ruhe und Stille, die ich in diesem Ausmaß zuvor nicht kannte. Abgesehen von dem hektischen Verkehr, der, wenn man ihn genau betrachtet, trotzdem seine Ordnung zu haben scheint. Alles wirkte so anders, natürlich sehen die Menschen anders aus. Nicht bloß körperlich. Sie tragen so schöne, bunte, lockere Kleidung. Sie haben einen Glanz in den Augen, der mich wahnsinnig berührt. Die ärmsten Menschen waren meiner Meinung nach immer die glücklichsten. Sie haben alles geben wollen, was Sie hatten. Und wenn es bloß ein kleiner Apfel war, den sie zufällig noch in Ihrer Hosentasche gefunden haben. Auf einmal wird einem bewusst, dass Geld gar nicht viel wert ist. Woher entspringt wahre Freude, echter Frieden? Ist das nicht vielleicht der Wert, an dem wir das Leben messen sollten?

Lassen wir die Definition der Wertschätzung aus dem Duden beiseite, und konzentrieren uns auf das Herzliche und Lebendige in uns. Was begeistert Sie am meisten?

Asien holt Sie aus ihrem Hamsterrad raus und bringt Ihnen ganz langsam bei, wie man auf dem Boden der Tatsachen unterwegs ist. Schauen Sie sich die Verkäufer in den Läden an, teilweise sitzen Sie in ihren Hängematten, trinken nebenbei Tee und die Kinder laufen um sie herum. Sie wirken entspannt und sorgenfrei. Nehmen Sie sich davon etwas mit. Vielleicht in Form eines kleinen Symbols, ein Stein den Sie finden oder eine Muschel.

Ich bin überzeugt davon, dass Reisen das Leben verändern kann. Immer nur von den gleichen Informationen umgeben zu sein, von dem, was man schon kennt, erzeugt in uns eine Gleichgültigkeit und folglich Undankbarkeit.

Sie werden mit einem frischen Schwung nach Hause kommen und den alltäglichen Dingen wieder mehr Wertschätzung und Dankbarkeit entgegenbringen können.

Werden Sie sich bewusst, was Ihre Laster sind und fliegen Sie mit leichterem Gepäck auf den Schultern nach Hause.

Ich wünsche Ihnen eine heilsame Reise und einzigartige Erfahrungen.

Packliste

Geld & Finanzen

O (evtl.) Auslandswährung
O Bargeld
O Bauchtasche
O Brustbeutel
O Bauchtasche
O EC-Karte
O Kreditkarte
O Notfall-Telefonnummern der Banken
O Portmonee

Hygiene

O Haarbürste / Kamm
O Deo (klein)
O Shampoo
O Kulturtasche
O Sonnencreme
O Taschentücher

O Reise-Zahnbürste und Zahnpasta
O Verhütungsmittel

Kleidung

O Badeklamotten
O Gürtel
O Hosen kurz / lang
O Mütze / Cap / Hut
O Pullover
O Regenjacke
O Schlafanzug
O Socken
O Sonnenbrille
O Sportklamotten / Jogginghose
O T-Shirts
O Unterwäsche

Medikamente

O Blasenpflaster
O Anti-Durchfalltabletten
O Erste-Hilfe-Set

O Fiebertabletten
O Fiebertabletten
O Mückenschutz
O sonstige Medikamente
O Pflaster
O Kopfschmerztabletten

Unterlagen & Papiere

O ADAC Unterlagen
O Adresslisten für Postkarten
O Krankversicherungsnachweis
O Stadtplan
O Führerschein
O Unterlagen für die Unterkunft
O Wasserdichte Hülle für Reiseunterlagen
O Impfausweis
O Mietwagenunterlagen
O Personalausweis
O Reisepass
O Reisetagebuch
O evtl. Studentenausweis

O evtl. Visum

O Zug- / Bahn- / Flugticket

Taschen & Rucksäcke

O Koffer / Trolley / Reisetasche

O Regenhülle für Rucksack

O Rucksack

Schuhe

O Badeschlappen / Hausschuhe

O Schuhe und Wechselschuhe

Sonstiges

O Brille / Kontaktlinsen und Etui

O Buch zum Lesen

O Ohrenstöpsel und Schlafmaske

O Regenschirm

O Reisedecke

O Wasserflasche

O Wörterbuch

Elektronik

O Digitalkamera
O Handy
O Ladekabel
O Kopfhörer
O evtl. Steckdosenadapter
O Power-Bank

Herstellung und Verlag:

BoD – Books on Demand, Norderstedt

ISBN: 9783752898125

© Melissa Rademacher 2020

1. Auflage

Kontakt: Psiana eCom UG/ Berumer Str. 44/ 26844 Jemgum

Covergestaltung: Fenna Larsson

Coverfoto: depositphotos.com